T0380839

B is for Biology
B es por Biología

An ABC Book based on Science!
Un libro bilingüe del ABC basado en la ciencia

Created and written by
Linda "Dr. B." Bartrom-Olsen

Escrito en Español por
Brenda Ochoa

Illustrated by
Matt Olsen

Copyright © 2015 by Dr. B. 614311
Library of Congress Control Number: 2014905480

ISBN: Softcover   978-1-4931-8667-9
       Hardcover   978-1-4931-8668-6
       EBook   978-1-4931-8666-2

Some images are provided by Morguefile.com, and such images
are being used for illustrative purposes only.
Certain stock imagery © Morguefile.com
By Skalunda at Morguefile.com (http://morguefile.com/archive/display/848007)
By pschubert at Morguefile.com (http://morguefile.com/archive/display/581322)
By hotblack at Morguefile.com (http://morguefile.com/archive/display/805511)
By taliesin at Morguefile.com (http://morguefile.com/archive/display/118685)
By heyjude at Morguefile.com (http://morguefile.com/archive/display/145934)
By ManicMorFF at Morguefile.com (http://morguefile.com/archive/display/708873)
By JilliBean at Morguefile.com (http://morguefile.com/archive/display/945580)

Rev. date: 09/22/2015

To order additional copies of this book, contact:
Xlibris
1-888-795-4274
www.Xlibris.com
Orders@Xlibris.com

Dedications:

For my grandson Chase
who goes pine-coning with me.

And for Amy Marie Elizabeth
For being here, for being you.

Dedicatoria:

A mis hijos Brandon, Jonathan,
y Luis y a mi sobrina Isabella
porque por medio de ellos puedo
apreciar la grandeza de Dios.

A is for Apple,
A fruit from a tree.
They're food that is healthy
For you and for me.

A es por Apple en inglés
y Manzana en español,
Una fruta de un árbol.
Estas son comidas saludables
Para ti y para mí.

B is for **B**iology,
Study we give
To bees, cats and dogs
And to *all* things that live.

B es por **B**iología, el estudio que damos
A las abejas, a los gatos, y a los perros
Y a todas las cosas que viven.

C is for Cell, so precious, so small,

They form living things,
They are part of us all.

C es por Célula,

Tan preciada, tan pequeña,
Ellas forman todas las cosas vivas,
Ellas forman parte de nuestras
vidas.

<u>Note to Parents:</u> The cells above are red blood cells.
<u>Nota a los padres:</u> las células de arriba son células rojas.

3

C's also for housecat:
He hunts down a mouse.
And jaguars and tigers…
But not in your house!

C es Cat en inglés
Y Gato en español.
Él caza un ratón.
Y los jaguares y los tigres…
¡Pero no en tu habitación!

D is for **D**ragon

Who breathes out hot fire!
He lived long ago
 And was also a flier.

D es por **D**ragón

¡Quien exhala fuego ardiente!
Vivió mucho tiempo atrás
Y volaba libremente.

E is for Earth which keeps us alive.
Our planet supports us, so all of us thrive.

E es Earth en inglés y Tierra en español.
Nos mantiene vivos.
Nuestro planeta nos sostiene,
Para que podamos prosperar.

F is for Frogs who live in the lake.
They croak loud at night,
So they keep you awake!

F es por Frogs y Ranas en español.
Ellas viven en el lago.
Su croar es tan fuerte
Que despierto te mantienen.

G's for **G**iraffe, with long necks on them all!
They eat leaves from trees
Because they're so tall!

G es por **G**irafa: ¡con grandes cuellos!
Ellas comen ojas de los arboles gigantes
¡Como si fueran rascacielos!

H is for **H**erring, a fish that is small.
Fisherman catch them as food for us all.

H es por **H**erring en inglés
Y Arenque en español.
Un pez que es pequeño
Comida de pesca
Alimento sustancioso.

Immune means our cells

Fight when germs come along.
They kill the disease
So we're healthy and strong.

Inmune significa que nuestras células

Pelean cuando los gérmenes están atacando.
Las células matan las enfermedades
Para que estemos sanos y saltando.

Note to Parents: This would be a good time to explain to your little one that oranges help our immune system keep us well!

Nota a los padres: Esta es una buena oportunidad para explicar a los pequeños que las naranjas ayudan a nuestro sistema inmunológico a estar sanos.

Jaguar and Jackal!!

One's a cat, one's a dog.
They hunt in the jungles
And in woods, field, and fog.

El Jaguar y el chacal

Uno es un gato, y el otro es un perro.
Ellos cazan y merodean por las junglas
Y en los bosques, en los campos y en la niebla.

Kangaroos live in Australia – so hot!

They carry their babies in pouches a lot.

K es por Kangaroo en inglés

Y canguro en español.

Ellos viven en Australia –

¡Tan cálido y abrumante!

Llevan a sus bebés

En bolsas bastante.

L is for . . .

Lovely birds that are colorful

Hatch young from their eggs.

Then they leave their nest using
Their wings, not their legs.

Loros y pájaros son coloridos

Sus crías salen de sus huevos.
Luego dejan sus nidos usando
Sus alas, no usando sus patas.

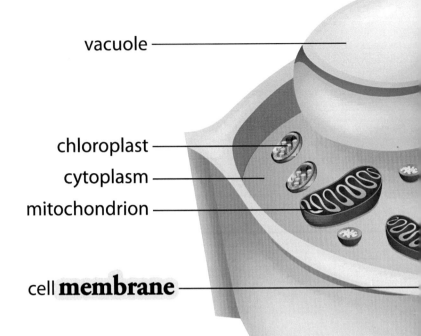

vacuole

chloroplast

cytoplasm

mitochondrion

cell **membrane**

M is for Membrane, outside of a cell.
It allows good things in, to help keep you
well.

M es por Membrana
La parte exterior de una célula
La que en su interior permite cosas
buenas
Para mantenerte saludable.

Anatomy

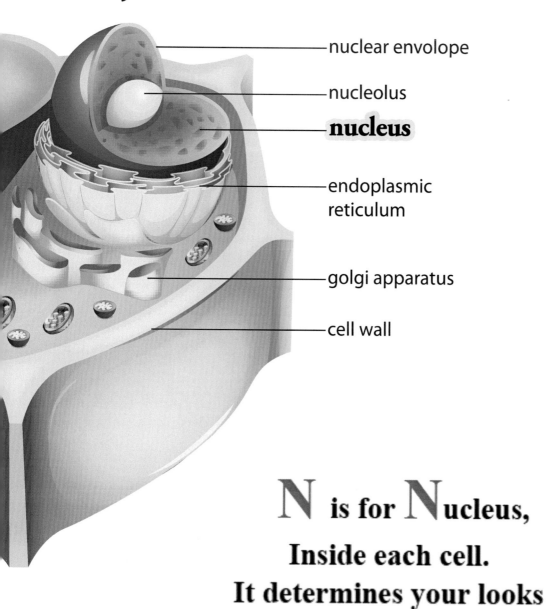

nuclear envolope

nucleolus

nucleus

endoplasmic reticulum

golgi apparatus

cell wall

N is for Nucleus,
Inside each cell.
It determines your looks
And it helps keep you well.

N es por Núcleo
Dentro de cada célula.
Determina como serás físicamente
Y ayuda a mantenerte bien en cuerpo y mente.

O is for Oxygen,

Living things need it.
Both plants and all animals
Really must breathe it.

O es por Oxígeno

Los seres vivos lo necesitan
Tanto las plantas como los animales
Lo respiran para estar vivos.

P is for . . .

Photosynthesis – essential!!
Plants make food from the sun.
We eat the plants and then
We have the energy to run!

P es por **P**hotosynthesis en inglés y
Fotosíntesis en español – ¡tan esencial!
Las plantas utilizan el sol para hacer comida
Nos comemos las plantas y luego
Corremos con energía.

Q is for Quickly

How fast some things run,
Like antelopes leaping
In scorching hot sun.

Q es por Quickly y veloz en español

Que tan veloces son algunos seres,
Como el antílope saltando
En el ardiente sol.

R can be for **R**hino,

Or **R**hinoceros by name.
Their horns are just so scary-
And they're not so very tame.

R es por **R**ino.

O **R**inoceronte por nombre.
Sus cuernos dan miedo
Que hacen que nos asombren.

S is for slippery
Slithery Snakes
Who live in our deserts
And also in lakes.

S es por Serpientes
Muy resbaladizas son.
Viven en desiertos que son calientes
Y en los lagos que son su ambiente.

T

Tyrannosaurus Rex

Is one kind of dinosaur.
They lived in giant bogs & swamps,
And sometimes near the shore.

El Tiranosauro Rex

Es un dinosaurio muy particular.
Vivía en lugares grandes
Y pantanosos, y a veces en la costa del mar.

U

U is for a Unicorn, a legendary horse.
He's handsome, strong, and very brave.
The friend of kings, of course!

U es por Unicornio, un caballo mágico.
Es hermoso, fuerte, y valiente.
El amigo de los reyes, un ejemplar fantástico.

V

Vultures are so very scary

If you see one fly about,
Then you should be very wary.
There's no time to sit and pout!

V es por **V**ulture en inglés y buitre en español

Es muy tenebroso y da miedo.
Si vez a uno volar,
Debes tener cautela
¡No hay tiempo para estar sentados y esperar!

W's for **W**hales who live beneath the seas.

They swim in groups we call a "pod"
Which are their families.

W es **W**hale en inglés y ballena en español

Seres que viven debajo del mar.
Ellas siempre parecen nadar en grupos
Con los que son familiar.

X is for the Xanthophylls

Which makes tree leaves so red.
They're used a lot for dying clothes,
And quilts upon your bed.

X es por Xantófilas

Las que hacen que las hojas de los arboles
Sean rojas.
Las usan con frecuencia
Como colorante para ropa
Y para las camas como colchas.

Y can be for many things
Large or small it's true.
The most important thing it's for,
Of course, is always **you!**

La **Y** puede ser para muchas cosas
Grandes o pequeñas con exactitud.
Pero para lo que más importante es,
Por supuesto, ies siempre **tú!**

Z is for **Z**ebras
With many a stripe.
They are beautiful horses
Which are all black and white.

Z es por **Z**ebra y cebra en español
Las que tienen muchas rayas.
Son caballos muy hermosos
Con líneas negras y blancas.

And P again is just for you

So Precious and so small.
You are the most important thing
Although you're not so tall.

Y P nuevamente es solo para ti

Tan Precioso y tan pequeño.
Tù eres el ser màs hermoso que el munod ha dado
Que pareces un ensueño.

Biology
is living things
Some short,

some **very tall**!

But **You**! Why you're a <u>Person</u>,
So most valuable of all!!

Biología es todo ser vivo

Algunos son pequeños y otros son ¡muy altos!
¡Pero tú! Tú eres una <u>Persona</u>,
¡La más valerosa de todas!

Note to parents:

Life on Earth lives in many places: on land, under the water, and in the air. Biology is about all kinds of life forms. The word comes from Greek words: bio (life) + logos (the study of), so Biology literally means the study of life! On the opposite page is a small gift: a bookmark! Cut along the edge of the ocean, and on the back you will find a beautiful green forest! Your little reader can use the bookmark to mark the pages where you are reading in "B is for Biology."

Nota a los padres:

La vida en la tierra existe en diversos lugares: en la tierra, debajo del agua y en el aire. La Biología se trata de toda clase de seres vivos. La palabra se deriva de la palabra griega: bio (vida) + logos (el estudio de), asi es que la Biología Literalmente significa ¡el estudio de la vida! En la pagina opuesta hay un pequeño regalo: ¡un separador de páginas! Córtelo alrededor, y en la parte de atrás encontará ¡un hermoso bosque! Su pequeño lector puede usar el separador para marcar las páginas de su libro "B es por Biología".

Cut broken line to get Bookmark

BIOLOGY/
BIOLOGÍA

Alphabet/alfabeto

A a   B b   C c

D d   E e   F f

G g   H h   I i

J j   K k   L l

M m   Nn   Ñ ñ   Oo

en Español

P p   Q q   R r

S s   T t   Uu

V v   W w   X x

Y y   Z z   **26 letters/ ¡27 letras!**

33